틈 사이의 빛

최 정 옥

대학에서 미술을 전공하였으며
문학미디어 시 부분에 등단하였다
저서로는 "그때 그 날들에게" 가 있다

jo2461430@naver.com
본문 사진 : 작가 최정옥

틈 사이의 빛

최정옥 시집

서문

시간이 멎었다
내 영혼의 시간이

바람이 분다
소리를 듣는다
소리만 남는다

빛이 어둠에 가리워졌고
어둠 너머의 빛에 대한
갈망은 더욱 커져갔다

겨울의 시간은 길었으며
보이지 않을 것 같은

날들의
끝이 있음을
기억한다

빛을 갈망하는 시간이
커다란 무리를 지으며
내 안에 서성인다

천천히 걷는다
빛의 시간을 향하여

Ⅰ. 고원의 바람

그 대지에서	14
낯선 얼굴	18
화산	20
태고의 슬픔	22
고원에 부는 바람	25
하얀 점	27
대지	28
그리움	31
나무	32
싯딤나무	35
차강호수	36

Ⅱ. 강가의 산책

마른 시간들	44
봄이 걷는다	46
하얀 길	49
YOU	50
너에게	52
길 위에서	55
여름	56
휘청거리는 오후	59

여름 이야기	64
반짝이고 느릿한	68
강기슭에서	71
침묵	72
가을 햇살	75
그대	76
침묵의 강	78
빛의 함성	80
밤	83
거미줄	84
날개짓	88
새	91
선물	96

Ⅲ. 틈 사이의 빛

여름 끝	101
그때	102
숲속의 길	105
포플러	106
외눈박이 일상	109
안개	110
대지의 속살	112
검은 숲	115

어디쯤	116
낮잠	119
황톳길	121
횟대	122
겨울에 비친 거울	124
길	127
너를 기다리며	128

Ⅳ. 스미는 빛

마크로스크의 그림처럼	133
여름이 가는 길목에서	134
붉은 강	137
그리움	138
아침 단상	140
저녁 해후	142
해 질 녘	145
강가에서	147
나무 그림자	148
일출	151
보름달	152
글을 짓는다는 것	153
기도	154

산실	157
감사	158
작별	160
눈물	163
위로	164
저녁 밥상	167
친구들	168
저무는 하루	173
잠깐 사이	174
하루	176
어느 날	178
늦가을	181
3600보의 눈빛	182
겨울 밤	184
텅 빈 거리	187
그해 겨울	188
가을 빛	191

V. 검단산

검단산 1	201
그리움	202
검단산 2	206

바람결에 슬픔이 서려
        태고의 슬픔이 서려

Ⅰ. 고원의 바람

그 대지에서

그 벼랑 끝에
서 있고 싶었다

얼마나 두려운지

그 벼랑 끝에서
비상하고 싶었다

신의 땅 그 대지에서

낯선 얼굴

어둠 속에서

별들의 노래는
흐르고 있었다

은하수를 타고
나에게 내려

반구에 홀로선
낯선 얼굴로

화산

너의 심장은
언제나 고동치지

지금도
지구 중심부에서

뜨겁게
끓어오르고 있지

천년의 세월
무심한 꽃을 피워내

또 한 번 휘돌아가
깊이깊이

검붉은 꽃 피워내고 있지

태고의 슬픔

그곳에 가면
양들과 염소똥이
많아

바람 사이
허브꽃 향기도
날리지

그곳에 가면
들녘에
꽃밭이 있고

바람결에
슬픔이 서려

태고의
슬픔이 서려

고원에 부는 바람

바람이
실어다 준
너의 소리는

내 영혼의 길
어딘가에서
나를
부르는 것 같아

천 개의
고원을 너머
너는
나에게 달려왔다

바람의 얼굴로
그리움의 얼굴로

하얀 점

지표 없는
지평선

손가락 하나로
십 리길 이십 리길

산도 변하고
초록도 변하고

이 땅 위에
남아있는 푸른 하늘

하얀 점들이
그리움을
자아내는 곳

대지

구름이 낮게
내려앉아
산기슭에서
멈추는 곳

조용히
그림자 드리워
산허리
따스히 안아 주는 곳

이슬이 닿지 않는
그늘까지

어루고 어루어
생명을 나눠주고

메마른 대지 위
향기는
짙어만 가네

그리움

너는
내 뿌리를
닮아 있어

푸른 반점과
모국의 언어로

너는
나의 얼굴과
닮아 있어

잊혀지지 않는
그리움처럼

나를
불러 세운다

나무

바람 소리에
나무가 울었다

서로의 몸을
비껴가며

바람의 소리
나무를 세운다

제 속살
다 파헤쳐

검은빛
물들 때까지

싯딤나무

광야 싯딤나무는
오랜 메마름을 견디기 위해
제 모양 버리고
가시처럼 만들어 버립니다

물길 찾아 뻗은 뿌리
낮고 낮게 내려가
물을 만나고
메마름의 시간을 견딘답니다

태양도 추위도 견디고
밖으로 향하는 통로를 닫고

안으로 안으로
생명의 정수를 퍼 올려
사막의 별과 바람의 이야기로
영글어가죠

차강호수

신의 땅 텡그리
하늘을 품은 호수 위로
구름과 바람이 지나간다

빛으로 부서지고
바람에 찰랑이는
빛의 선율

고원의 바람 속
물결이 바르르 떤다

고원 너머
푸른 그리움이 물들어가고

삶의 시간은
      짙은 그림자를 드리우고

Ⅱ. 강가의 산책

봄, 여름, 가을, 겨울,
사계의 얼굴로 물길을 만난다.

마른 시간들

새들이 노래하고
잔가지 사이로 바람이 노래했지

아직 초록은 보이지 않아
바람은 봄의 노래로 가득했지

날카로운 새들의 울음마저 잦아들고
눈부시게 빛나는 태양이
아파트 담벼락을 넘어 고개를 내밀었어

3월인데 봄은 머뭇거리고
빗소리로 걸음을 재촉하지 않아
마를 대로 마른 시간들

그리움의 빛이
잿빛 가지 사이로
초록 꿈을 꾸네

봄이 걷는다

봄의 소리에
밖으로 나가본다

메마른 가지 끝 물방울
눈물 속 반짝이는
진주알들

삶의 시간은
짙은 그림자를 드리우고
낯선 얼굴들

어설픈 몸짓 사이
봄비 내리는 데

축축한 마음
바람 끝에 내려놓고
산다는 게

참 외로운
일이라는 걸

시간과 시간 사이
삶은 언제나 찬란한 것

하얀 길

낮게
아주 낮게
울리는 화음

새벽 첫소리 살포시 내려앉아
환한 미소 짓는다

어둡고 축축한 발자국
하얀 눈발처럼 꽃비 나리고

아름다운 향연 속에
떨림으로 여는 창

햇살 속 녹아드는
당신의 사랑

YOU

당신은
차가운 바람 끝

따뜻한
빛을 모아
덮어줍니다

당신은
많은 빛깔 중에서

곱디고운 색으로
물들여집니다

당신은
이슬 내린 새벽녘

내 가슴에
따스이 내리는
별빛 같습니다

당신의 음성 끝에
묻어 있는 향기는

봄 향기 그윽한
들녘 바람 같습니다

너에게

네 입을 다물어다오
내가 피어나는 시간은
우주의 시간

내가 온 시간
내가 갈 시간

초침 소리도 없는
향기만 웃는 시간

길 위에서

색색깔 피어나는 봄
초록은 온 산을 뒤덮고
작은 속삭임마저
가두는 밤

별빛이
내려 이야기 듣고
찬 이슬 적시는
발자국

대지에 타는
목마름
무심히 올려본 하늘
너무 맑아 푸르기만 한데

숨쉬기 힘든 계절
푸른 하늘 되네

여름

매미 울음소리
짙어가고
푸른 하늘 흰 구름이
눈짓하네

먹구름이 순식간
온 대지를 감싸고

늦은 오후
담벼락에 짙어가는
그림자

삶의 시계 바늘이
넘어가는 계절

꺾이고 자라는
생명의 계절

그 계절 속으로
걸어가고 싶다

슬픔의 얼굴을 씻고
기쁨의 미소로
답하고 싶다

휘청거리는 오후

담벼락에 시계꽃
하나둘 피었습니다

딱 하루만 피고 지는 꽃
아름다움이
순간을 노래합니다

당신이 보내준 아름다움
시드는 시간에도
정결하기만 합니다

당신의 시간 속
어느 한 점에서
영원을 향해 나아갑니다

나이 들면서

어릿하게
보이는
사물의 그림자

눈도
나이를 먹고
적당히 보라 하는지

보이지 않아
소리도
후각도 예민해지네

날 선소리는 접고 싶고
향기롭지 못한
냄새도 날이 서네

나이 들면
둔해진다는데
부드러운 하늘빛은
언제나 고요하고

아침을 여는
소리는 청아하고
꽃향기는
아직도 그윽한데

보이는 것만
보았던 눈빛
볼 수
없는 것 보라 하네

여름 이야기

둑길을 향하는 마음은 정처 없기만 하다

밤의 울림이 하늘 끝에서 들려왔다
강물은 어둠 속에서 희미한 빛을 내었고
물소리는 잔잔했다

여름의 폭우를 견딜 움직임이 시작되었다
조금만 움직여도 등줄기에 땀이 흘렀고
태양은 어둠 속에서도 타오를 열기였다

밤의 소리는 깊어갔다
형태는 흐릿해지고
소리는 큰 울림으로 다가오는 시간이었다

영혼은 어느 공간쯤 떠돌다가
불쑥 얼굴을 드밀었다

풀숲 언저리 초록은 어둠 속에서도 빛났고
강의 다리가 어둠에 갇혔다

자동차 바퀴 소리는 더욱 커져 갔고
삶의 걸음은 느리게 흘러갔다

긴 여름의 폭우가 시작되었다
그 어디쯤에선가
이 폭우가 멎을 것을 알고 있다

가을이 향기를 기다리는 것이
조급한 마음이었을까
가느다란 손가락 사이로
빛이 스며든다

반짝이고 느릿한

어두운 밤
별빛 받은 나무

아침 햇살
그늘 드리운다

거미줄은
신부의
면사포처럼 빛나고

우뚝 서
은총의 빛
누리는 시간

순간이
영혼에 이르도록

그대
발걸음 멈추지 마라

겨울을
아는 그대에게

하늘이
푸른 시를 건넨다

강기슭에서

은빛으로 빛나는
보석을 주워 모은다

담아도 담아도
담아지지 않는

그 강가에서

나도 보석처럼
빛나고 싶어

햇빛과
결합하고 싶다

침묵

잿빛 하늘 사이
태양이 사라지고

침묵 속에
함몰되어 간다

골방에서 숨을 쉬며
광장의 의미를 잃어버렸다

시간의 두께가 겹쳐
죽음에
무심한 눈길

삶은
육체 너머
영혼에 이르는 길

흐릿한 봄볕도
오는 봄을 막을 수 없네

우주의 울림이
영혼에게 속삭이고

너가 있기에
슬픔의 바다 너머
기쁨의 태양 떠오른다

가을 햇살

가을 햇살 속
투명한 호수
내 마음
고요히 담가본다

슬픔도 시름도
호수에 잠겨
가을 하늘빛 된다

그대 발걸음에
기쁨의
미소가 번져가고

삶의 고단함 뒤
거울처럼
빛나는 푸른 빛

그대

부서진 마음 안고
따스한 봄볕에 녹이는데

영혼의 메마름
헤일 길 없어
당신만
바라보는 시간

지나가는 바람인걸
날마다 눌려
닳아져 가도

당신을 향한
불타는 마음

좀처럼 움트지 않는
메마른 대지

햇살이
눈빛 건네주고
한 방울 눈물
대지를 적시고

푸른 하늘
푸른 바람 불 때

그대 닮은
꽃 한 송이

침묵의 강

졸졸 흐르는
시냇물 소리
큰 강을 만나
침묵한다

바람이 춤을 출 때
물빛이 튀어 올라

햇빛과 결합하고
셀 수 없는
빛의 하모니

너를 만날 때
터지는 기쁨의 함성
바람 불어 출렁이고

내 마음도
흔들릴 즈음
호수처럼 맑은 평화

내 안에 피어난
네 그림자

빛의 함성

검은 가지들이
물결에 흔들린다

마른 입들이
한들거리고

봄은
멀기만 한데

왜 그리
강물은 시린지

흩어지는
그림자 위에
두 손을 내밀어본다

밤

백지와 마주한 시간이
빛으로 얼룩지고

손끝에 두서없는
이야기 피어난다

엉긴 실타래를 풀어 헤친
기나긴 밤

달빛이 시를 짓고
별들이 꿈으로 덮이는 밤

그대 그림자
이슬 되어 내 꿈속에
내리는 밤

거미줄

정교한 솜씨로
옷감을 짜듯

바람도 지나고
햇살도 가득한

너의 궁전은

어느 신부의
면사포처럼

찰랑찰랑
빛 속에서 춤을 춘다

새들의 해바라기
초겨울 햇살이 빛날 때
새들의 쉼터

날개짓

나는 보았네
초록이
바람에 춤을 추는 걸

나는 보았네
바람이

빛 사이를
비껴 지나는 것을

나는 보았네
덜 익은 사과가
떨어지는 걸

붉은 노을빛
외기러기

힘차게
날갯짓하는 것을

나는 보았네
당신의 눈동자 속

내가
서성이고 있는 것을

새

먹구름 속에
붉은 심장을 삼키고

무심한 아름다움에
취한 새 한 마리

가는 길 외롭다
아파트 끝자락 숨을 고른다

변하고 또 변화하는
시간 속에서

아름다움
잡을 길 없다

깃털을 다듬는 시간

외다리로 서 있는
위풍당당한 해오라기

여름 장마에
월문천이 불었다
왜가리의 먹이사냥
이토록 멋진 집중력으로 꼼짝하지 않는다

선물

당신과 내가
만난 것이
선물이었음을

다툼과 화해의
시간들이 영글어
마주보며
피는 꽃이었음을

외면하며
달려온 시간들이
축복이었음을

헝클어진 실타래처럼
불확실한 삶의 인연

너와 마주한
시간에 닿아 있었음을

화해와 용서
사랑의 눈짓이었음을
알았습니다

빛이 나에게 들어왔다
　　... 나는 빗속에 함몰되었다

Ⅲ. 틈 사이의 빛

여름 끝

초록이 지쳐간다
덩굴은 숲을 덮어버렸다

흰 구름은 낮게 떠가고
푸른 하늘가
정적이 감도는 시간

숲이 숨죽여
여름을 보내는 시간

말 없는
어둠 속 언어들

하늘은 무심하게
푸르기만 하다

그때

빛이
나에게 들어왔다

어둠을 뚫고
내 폐부
깊숙이 찔러 넣었던

작은 핏줄 하나까지
선연히 드러났다

나는
빛 속에
함몰되었다

숲속의 길

숲이
비에 젖었다

자궁 깊숙이
생명을 품듯이

너의 속살이
베일에 가려

나는
길을 잃어버렸다

포플러

장대같이 솟은
나뭇잎들
춤을 춘다

은회색 줄기
고단한 시간
얼룩진 흔적들

바람이 불고
미새한 신열로
몸앓이하듯

잔가지 부러지고
소리내어
울어댄다

새벽별
내리도록

찬 이슬 머금고
지나온 시간

태양빛 가득
어루고 어루어준다

외눈박이 일상

왼눈으로 바라본 세상
상이 흔들린다

초점을 잃은
수많은 언어도
그러했으리

숱한 샛길로 나가
그대와 내가
만나지 못한 것도

외눈박이
삶의 표상

안개

안개에 갇힌 숲속
새들의 울음도 그치고

짐승의 발자국도 멎은 듯
숨죽여 태양을 기다린다

고요 속 나목들
삶을 노래하고

길 없는
그대
맘속으로

걸어가는 길

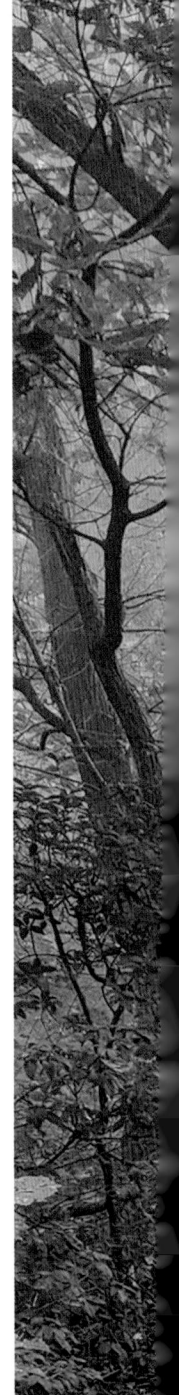

대지의 속살

맨발로 걷는 산의 감촉은 차갑고
작은 돌조각으로 따끔거린다

오솔길에 늘어선 나무들은
뿌리를 드러낸 채 서 있다

사람들이 지나간 자욱들은
반들반들하게 닳아져
앙상하게 빛나는 뼈 같다

가끔 폭우가 내리면 드러난 뿌리 위에
맑은 물이 흘러내리리라
드러나지 않는 뿌리는

그 마음을 다스리고 살아가기 위해
얼마나 깊이 뿌리를 내리고 살아가야 할까

산다는 것은 작은 미물의 움직임처럼
끝없는 생명을 향해 나아가는
몸짓일 텐데

도토리 껍질이 내 발가락에 깍지를 끼운다
도토리 장갑을 벗고
대지의 부드러운 속살을 만져본다

검은 숲

햇살이
녹아든다
바람도 멈추고

초록도
사라지고
어둠에 싸인다

검은 숲
생명의 우듬지

어디쯤

당신의 사랑 안에
꽃이 피고 지고

천만번
문이
열리고 닫히며

물결 가득
바람이 붑니다

그 사랑
어디쯤에 선가

서성이는
고요 속

당신이 있어
외롭지 않은 시간

삶의
이음새가

사라져 가는 시간

낮잠

아주
나른한 기분이었어

꿈길에서
너를 볼까 봐

한 줄
피아노 선율이
들릴까 봐

조용히
귀 기울이던
한낮이었지

난 꿈길로 향하고
마음속 시간을

너와 걷고 있었지

황톳길

흙의 냄새를
잊은 지 언제인가

내 발밑에
우주의 생명이
뻗어 나온다

실타래처럼
빛도 바람도
이슬도 녹아

신의 숨결
가득한 산실

횟대

나무에 걸린 기다림이
창밖 흰 구름 본다

제 숙명이 기다림인걸
환하게 웃어주는 웃음인걸

가지 끝 품은 꿈
푸른 하늘 날고 있다

겨울에 비친 거울

여기저기 흩어져
내린 잔설은

그대로
산이 되었다

얼어붙은
동공 너머

떨려오는
바람 소리

숨결 고르고
겨울이
침묵한다

공간 가득
우주의 빛을
담아

생명을 향해
달리던 발걸음
멈추어 버렸다

길

갈빛이 녹아
빛나는 길을 만들었어

아무것도 없었는데
길이
꼬불꼬불 나 있었지

이슬에 젖는
내 맘에도
길이 생겼지

갈빛 빛나는

너를 기다리며

간밤에 내려앉은 싸락눈이
온 대지를 하얗게 물들인다

가지 끝에 달린 바람 소리
눈발 날리던 서늘한 미소

봄은 아직 먼 데서
가녀린 소식만 전하고

백지 같은 들판
꿈들이 수를 놓는다

떨구어 낸 빛 줄기는 왜 그리
                내 마음을 그어대는지

Ⅳ. 글을 짓는 시간

마크로스크의 그림처럼

해 질 녘 창가에
마크로스크
그림이 걸렸다

노을 속에
침묵이 깊어
숨을 들여 마셨다

순간
영원이 그곳에
잠깐 머물다 가고

나는
숨죽여 울어버렸다

여름이 가는 길목에서

여름 열기가 그어갈 때
하늘빛은 더욱 그윽이 물들어가지

여름 끝자락 즈음
여린 가지들이 부러지고
매미의 울음도 그치고
하오 그림자는 짙어만 가네

빛바랜 노트 속
오래전 적다만 글귀를 보고
내 맘 그림자도 옅어져 가고
기억의 순간들이 꿈결처럼 지나가네

블라인드 사이 빛이 스며들듯
추억의 파편들 스미는 시간

붉은 강

한여름의 열기가
마지막 고비를 넘어

산자락을
비추는 시간

강물은 울음
바다가 되었다

한 송이 꽃도
나는 피우지 못한

붉은 노을빛에
그 여름을 보냈다

그리움

삼복더위에
싸락눈 날리며

그리워지는
얼굴 하나

숱한 밤 마주한
얼굴 하나

닦아도 닦아도
지워지지 않는

당신의 모습

아침 단상

울음을 참고 있는
아기처럼
회색빛 구름이
낮게 드리워져 있다

갈색의 검정 무늬
고양이 한 마리
흘끔거리며
보도 위를 가로지른다

얕은 빛줄기
섬광처럼 빛나고

비둘기 한 마리 총총거리며
길 위를 지난다

맘속에 퍼지는 웃음
가득한 아침

저녁 해후

1,300원짜리
막걸리 한 병에
하루의 시름을 달래고
어깨 위에 걸친
슬픔의 그림자를 몰아낸다

혼자서 즐기는
잔도 아닌데
아픈 아내의 모습이
애처롭기만 하다

밤이 늦도록
식탁 위에
설움을 풀어내고

내일은
찬란한 태양을
마주하리라

하루가 다 가기 전
어둠 속에선
별빛이 빛나고

빈 술잔에
희망을 담는다

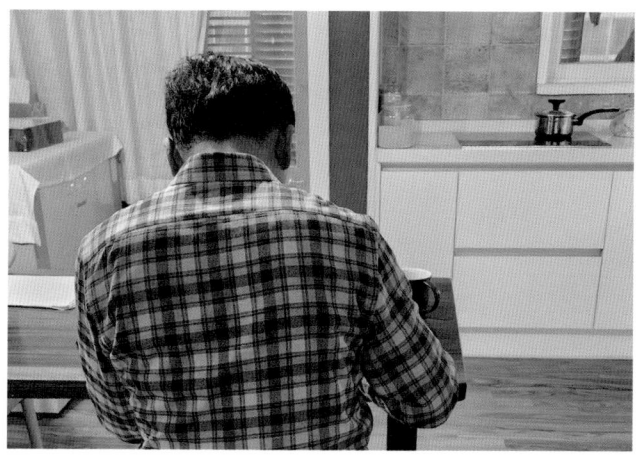

해 질 녘

놀이터 아이들 소리
아파트 창문을
타고 올라온다

하루해가
평안으로 물들어가고
불안의 시선 흔들릴 때

날 붙드시는 당신의 음성

헐떡이며 달려온
시간의 순간마다

사랑한다고
말해 주는
당신의 음성

강가에서

오늘을
너에게 비춘다
고요 속에
너의 노래를 불러 다오

벼랑 끝 어디선가
나를 부르는 소리
하루가 강물에 녹아들고

알 수 없는 언어들이
내 가슴 언저리에
맺히는 저녁

나무 그림자

냉기가 서리는 날
한낮 태양이 그리워

나목의 그림자가 외로워
푸른 하늘이
뚝뚝 떨어지는 날

하얀 길 걸어
나무 그림자와 이야기한다

그림자도
함께 길을 걷는다

일출

태양이 떠올랐어
미친년 속곳처럼

불덩이 하나
내 마음에 던져놓고

노을처럼
너는 나를 만나러 왔지

보름달

어둠을
응시한다

보름달이
떠오르는 추석

맘 한곳에
쓸쓸함 배어 나와

내 심장을
찌르는 시간
너를 바라본다

우주 속
티끌같이 날아가

글을 짓는다는 것

글를 짓는다는 것은
마음을 짓는 것

마음을 짓는다는 것은
당신을 바라보는 것

당신을 바라보는 것은
꿈 꾸는 것

나로부터 향한 발걸음이
너에게 이어져

온 누리를
환하게 밝히는 것

기도

주님!
한 걸음만 더 가까이
가게 하여 주시고

한 꺼풀만 더 벗기워
말갛게 씻긴

마음이게 하여 주소서

삶에 지친 이들을
안아주시고

우리의
메마른 손을 펴서

서로 잡게 하여 주소서

맑은 하늘빛보다
더 푸른

당신의 영혼에
살게 하소서

산실

맨발로 선 땅 위에서
흙의 차가움과
돌멩이의 딱딱함이 느껴지는 시간

지구의 먼 이야기를
내 발이 오롯이 듣는다

바람 불고 생명의 산실은
서늘하기만 한데

어느 뜨거운 가슴 품었길래
저리도 무성한 잎들이 피고 지는가

혹한의 겨울을 견디는 걸까
깊고 깊은 생명의 산실

감사

청백의 빛줄기
새벽이슬 싣고
나에게 왔다

평화가 공기 사이로 퍼지고
어둠 속에서 빛나는 섬광
빛을 응시한다

아침이 열리는 시간
빛의 시간을 기억하리라

불빛은 창에 비춰
어둠 속 가로등처럼
부유하고 있다

의식이 깨어나고
공간이
숨이
깨어나는 시간

평화의 옷깃을 여미고
하루에 감사한다

작별

너를 차마
어떻게 보내지

너를 차마
마주할 수 없어

떨구어낸
빗줄기는 왜 그리

내 마음을
그어대는지

너를 차마
보내지 못했지

눈물

나는 울었어
울고 싶었지

내 눈에서 눈물이 흐르고 있었어
보고 싶다고 말하지 않았지

사랑한다고 인사도 안 하고
메마른 입들이 떨어지듯이
무심히 바라보았지

아픔의 소리는 듣지 않았지
스크린처럼 바라만 보았어

아무 소리 듣지 못한 채
흐르는 눈물 막을 길 없네

위로

망울망울
빛나는 눈동자들

따뜻한 위로
한 바구니씩 끼고 와
어깨 위를
감싸안는다

살아온
시간의 걸음걸음이
눈물로 녹아

사랑의 실타래
짜나가는 시간

괜찮아
사랑해

입가에 번지는
미소로
힘겨운 하루
추스르는 시간

저녁 밥상

차가운 밥 김칫국 말아
한술 뜨는
그대 뒷모습

수숫대처럼 메마른 아내
텅 빈 공간
눈물 어린 밥상

삶은
사랑과 눈물로
얼룩진 꽃길

친구들

먼 시간을 돌아
우리는 한 곳에서 만나
서로를 알아갔다

우리는
소리를 내어 웃었고
웃음 끝에 각자의 삶의
고단함을 이야기했다

그래도 여전히
여인의 향기를 풍기며

소녀 같은 미소를 짓고
귀부인 같은 말투를 하고
짐짓 알뜰한 아낙네의
모습으로 삶을 이어갔다

우리 모두에게는
겨울이 닥쳐왔고
다가올 것이며

이 겨울의 눈보라는
아무도 예상하지 못한 시간
속으로 몰아갈 것이며

우리는 이 시간을
추억하며 빙긋이
웃을지도 모른다

자기의 삶을 포기하며
포기하지 않으며

고단한
수고를 아끼지
않고 달려온 시간

가끔은 울음을
삼키기도 하지만
우리는
웃을 것이다

파아란 하늘을 보며
한 잔의 커피를 앞에 두고

수다를 떨며
소망하는 대로
이루어지지 않아도

각자의 이름안에
새로운 내일을
꿈꾸며 살 것이다.

저무는 하루

눈, 물, 봄비,
그리고 꽃
순환의 선이 켜지는 시간

무수한 하루가
한 날처럼 빛나고
숨 고르기 버거운 마침

나를 안아주는 태양 빛
너의 기도 속에 숨결 고르고

영혼 속에 호흡하며
꿈속에 겹치는

붉은 노을
저무는 하루

잠깐 사이

아주 짧은 순간
푸름이 머물다 가고

이슬이 맺힌
창가에 서성이다

햇빛과 결합하는
겨울의 냉기

영혼의 소리 울리는
투명한 대기 속으로
녹아드는 꿈들

창가에 걸린
노을빛 우수

하루

참담히 무너진
하루 속에
입술을 깨문다

말 없는 노을이
시간이 없노라고

서러움이
겹겹이 물들여 운다

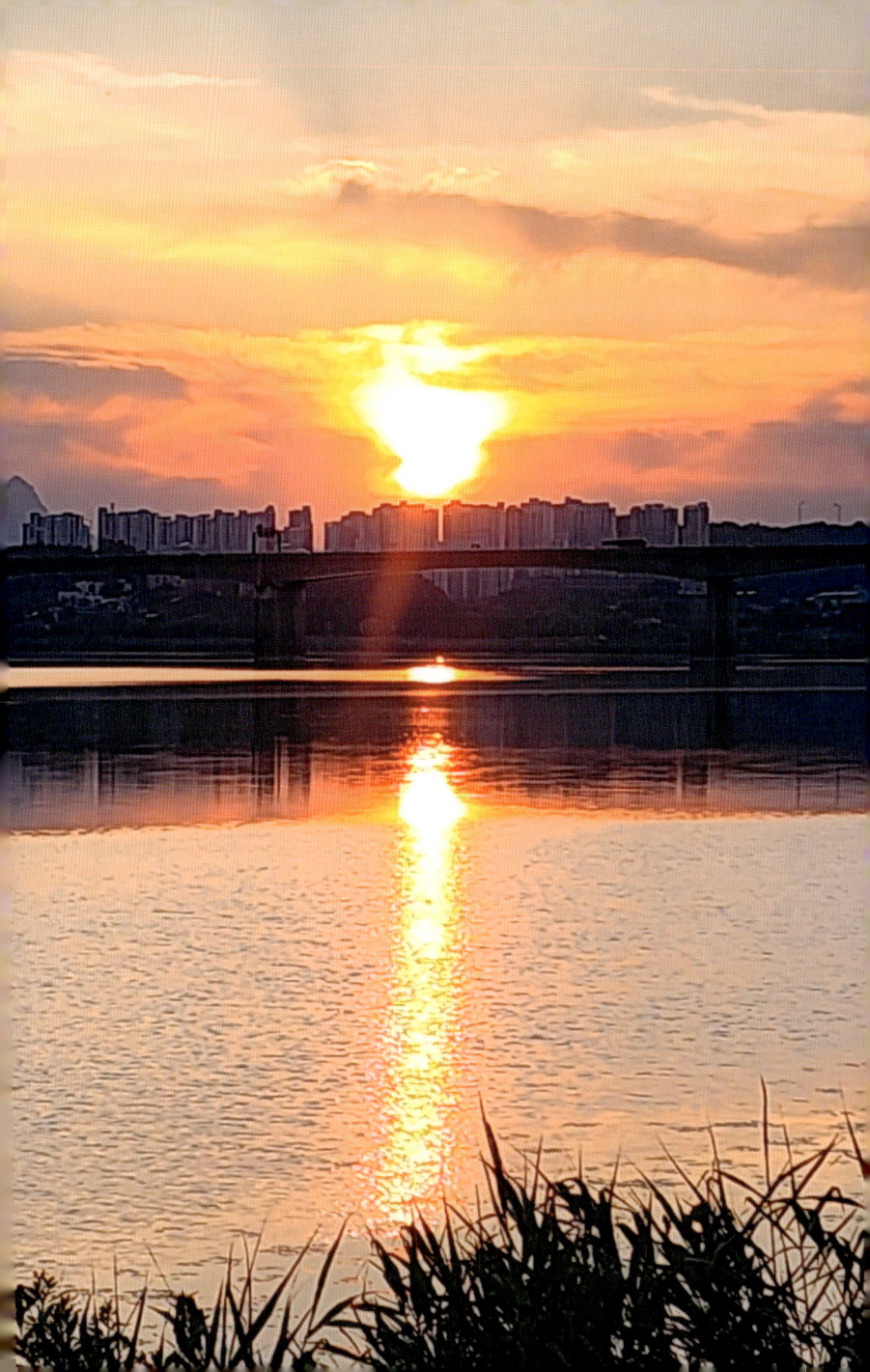

어느 날

어느 날 휘청거리다
바람 속에 날아갔지

영혼마저 흔들려
폭풍 속에 떠밀려
고요 속에 묻히어 갔지

삶은 흐르고
꽃은 피고
새도 울었네

알 수 없는 시간 속
통과할 즈음

차창 밖 무심히 바라본
떨리는 손

삶의 시간 속
죽음의 그림자

이 시간도
삶의 시간임을
잊지 말자

아직 호흡이
희망이
꿈이
어리어 있으니까

늦가을

낙엽을 다 떨구어낸
나무는 아름답다

가지 끝마다
푸른 하늘이 걸리고
갈잎 낙엽 동산을 이룬다

하루의
마지막 햇살이
따스하게 비추일 때

내 마음에도
불빛이 켜지고
서 있는 줄기마다

빛이 스며들어
가을빛 속으로 녹아든다

3600보의 눈빛

희끗하게
여린 눈발이 날리는 산
거리로 나간다

잠깐 사이
세상은
흰옷을 입고

조심스러운
발걸음
생협에 들러 산
두부 한 모

나무에 기대
세상을 본다

거칠어진
눈발이
가슴에
하얀 꽃 피워내고

눈꺼풀에
자꾸만
들어오는
눈을 떨구며

겨울 온기가
가득
번져온다

겨울 밤

삶의 걸음은 천천히
아주 느릿하게
흘러 갔다

혼자였던 시간의
깊이만큼
어둠이 깊어 갔고

잘 보이지 않는 시야
몇 번이나 훔치고
봐야했다

어둠이 내렸다
겨울 밤은 길고
냉기가 흐른다

텅 빈 거리

문밖으로 나가는 길
삶으로의 길

꼭꼭 닫힌 창
바라보며
텅 빈 거리

얼굴을 가리고
소리를 죽이고
그림자처럼
스치는 사람들

삶의 곡예
하루를
말갛게 씻어낸다

그해 겨울

2월의 메마른 벼랑 끝
날카로운 새의 울음소리

바람이 노래하고
묵묵히 서 있는 나무

겨울 잔설이 남은
그늘 녘

노을빛
나무 그림자가
흰 눈 위에 찍힌다

푸른 하늘 너무 맑아
눈물 한 방울 흐른다

창문들이
빛을 반사하는 오후
누구의 집일까

어떤 이의
고단한 등을 뉘일까

바람 끝 봄 내음
묻어나는
삶의 이야기 속

내 몸이
노래하길 바라며

한걸음 흔들리며
걷는다

가을 빛

아파트에 걸린 하얀 초승달 사이로
가을이 간다

잎새 위에 떨어지는 노을이
짙은 그림자를 떨구고
도시의 소음이 잦아드는 시간

삶의 그림자도 마지막 시선을 떨구고
가을, 빛나는 태양이 십자가 위에 걸리었다

작은 소음들이 춤을 추고
하얀 빌딩 벽에 부서지는 햇살
어둠이 스며든다

휘청거리는 발걸음 속에
애닳은 마음 지우려
푸른하늘 흰구름 올려다본다

너는 한편의 시로 나에게 왔다

V. 검단산

검단산 1

너는 한 편의 시로
나에게 왔어

너에게
돌아갈 아무것 없었지

빈 마음
하나면 되었을 텐데

나는 아무 말도 못 하고
얼어버렸지

그리움

너를 기다리는 동안
셀 수 없는 물결이 다가와
내 맘에 파문을 이룬다

태양은 조용히
그림자만 깊게 드리우는데
마음은 뜨겁게 고동치는데...

검단산 2

그곳이
무릉도원이요

안개에 싸여
말이 없는
침묵의 강, 산

뗏목에 얼어붙은
그림자 던지우고

짙게 베인
그림자
걸음을 멈춘다

당신과
멈추어진 시간

움직일 수
없는 맘
고이 내려놓는 곳

새벽 이른 아침 이슬 맞으며
너와 하루를 열어가고

너의 호흡에 기대어 오늘을 그리며 산다

너는 그곳에 있고 내 맘속에 너를 본다

대지의 품속에 굵게 뿌리 내린 너를

수면위에 그대로 투영 된 너의 모습은

언제나 힘차게 뻗어 있었지 우주의 온 빛을 끌어 모아

그 강가에 달려가 너를 만나고 싶다

안개에 싸인 검단산은 보이지 않았다
산은 그 자리에 안개를 응시한다

보이지 않는 산에게 물음을 던진다
내 눈에 보이지 않는 것을 느낄 수 있다고....

작가의 말

 일상에서 흐릿한 눈빛 너머 아름답고 눈부신 것들의 움직임이 느껴진다. 산책길 월문천을 따라 걷다 보면 오리 가족과 백로를 만난다. 언제부터인가 해오라기가 찾아왔다.

 이 새들의 봄, 여름, 가을, 겨울 자맥질과 먹이사냥, 깃털을 고르고 휴식하는 모습이 웃음을 자아내게 한다.

 죽음의 시간을 건너왔다고 생각했고 회복은 더디었다. 몇 걸음 앞으로 내디뎠나 싶으면 다시 뒷걸음질했다. 잠깐의 산책은 나에게 강물과 새, 노을과 산, 태양과 바람, 하늘빛과 풀 한 포기 들꽃 하나까지 삶의 아름다움을 느끼게 한다.

 강가에 이르면 물길은 굽이굽이 도는 모습으로 같은 얼굴에 표정이 매 순간마다 다르다. 그 햇살 속에서 새들과 한없이 눈맞춤하고 강은 매일 아름다운 순간의 몸짓으로 다가왔다.

 숨을 쉬기 힘든 순간에도 천천히 걸음을 옮겨본다. 잿빛 검단산은 언제나 그곳에서 있었고 매 순간 변하며 아름다움으로 가득했다.

 모든 순간이 나에게 말을 걸고 나의 앵글 속에 쌓여갔다. 그 향기와 아픔과 외로움의 시간을 마주한다. 시련의 순간에도 아름다움은 더욱 빛난 얼굴로 다가왔으며 살아 있음에의 감사와 경의 속에 하루하루를 옮겼다.

 지나온 길도, 남은 시간도 빛으로 가득하리라.
이제 그 빛 가운데로 걷고 싶다.
 한 걸음 한 걸음씩....

틈 사이의 빛
ⓒ 최정옥

1판 1쇄 발행 / 2025년 3월 24일

지은이   최정옥
본문사진   최정옥
펴낸이   정은경
펴낸곳   에센츠
출판등록   2024년 7월 31일 제2024-000071호
주소   화성시 동탄순환대로 29길 60 에센츠
E-mail   nolda07@naver.com

· 책값은 뒷표지에 있습니다.
· 이 책의 판권은 지은이와 에센츠에 있습니다. 이 책 내용의 전부 또는 일부를 재사용하려면 반드시 양측의 서면 동의를 받아야 합니다.
· 잘못된 책은 구입하신 서점에서 교환해 드립니다.
· 에센츠는 가장 본질적인 글로 사람과 책을 잇습니다.

값 19,000원
979-11-990321-1-8 03810